Marc de Smedt

Caderno de exercícios de meditação no cotidiano

Ilustrações de Jean Augagneur

Tradução de Stephania Matousek

Petrópolis

© Éditions Jouvence, 2010
Chemin du Guillon 20
Case 184
CH-1233 — Bernex
http://www.editions-jouvence.com
info@editions-jouvence.com

Tradução do original em francês
intitulado *Petit cahier d'exercices
de méditation au quotidien*

Direitos de publicação em língua
portuguesa — Brasil.
2011, Editora Vozes Ltda.
Rua Frei Luís, 100
25689-900 Petrópolis, RJ
www.vozes.com.br
Brasil

Todos os direitos reservados.
Nenhuma parte desta obra poderá
ser reproduzida ou transmitida
por qualquer forma e/ou quaisquer
meios (eletrônico ou mecânico,
incluindo fotocópia e gravação)
ou arquivada em qualquer sistema
ou banco de dados sem permissão
escrita da editora.

CONSELHO EDITORIAL
Diretor
Volney J. Berkenbrock

Editores
Aline dos Santos Carneiro
Edrian Josué Pasini
Marilac Loraine Oleniki
Welder Lancieri Marchini

Conselheiros
Elói Dionísio Piva
Francisco Morás
Gilberto Gonçalves Garcia
Ludovico Garmus
Teobaldo Heidemann

Secretário executivo
Leonardo A.R.T. dos Santos

Editoração: Frei André Luiz da Rocha Henriques
Projeto gráfico: Éditions Jouvence
Arte-finalização: Lara Kuebler
Capa/ilustrações: Jean Augagneur
Arte-finalização: Carlos Felipe de Araújo

ISBN 978-85-326-4167-0 (Brasil)
ISBN 978-2-88353-866-5 (Suíça)

Este livro foi composto e impresso
pela Editora Vozes Ltda.

Dados Internacionais de Catalogação na Publicação (CIP)
(Câmara Brasileira do Livro, SP, Brasil)

Smedt, Marc de
  Caderno de exercícios de meditação no cotidiano / Marc de Smedt ; ilustração de Jean Augagneur ; tradução de Stephania Matousek. 5. ed. — Petrópolis, RJ : Vozes, 2015. — (Coleção Cadernos : Praticando o Bem-estar)

  Título original : Petit cahier d'exercices de méditation au quotidien
  Bibliografia.

  8ª reimpressão, 2023.

  ISBN 978-85-326-4167-0

  1. Meditação 2. Meditações I. Augagneur, Jean. II. Título. III. Série.

11-05960   CDD-158.12

Índices para catálogo sistemático:
1. Meditação : Aperfeiçoamento pessoal :
   Psicologia aplicada   158.12

Introdução

Os sábios do Oriente sempre compararam a nossa mente – este fluxo de imagens, pensamentos, emoções, sentimentos e esperanças que nos preenchem – a um macaco louco. Acalmar, pacificar a perpétua agitação que ofusca a nossa consciência, este é o objetivo primeiro da meditação. O ato de meditar, além das técnicas preconizadas aqui, é, sobretudo, um estado de espírito, uma verdadeira mudança de consciência, uma transformação da maneira como, todo dia, toda noite, vivenciamos o mundo. Portanto, é realmente uma arte de viver, uma nova forma de existir no cotidiano, que este caderno de exercícios e de reflexão deseja sugerir a você.

> [...] este fluxo de imagens, pensamentos, emoções, sentimentos e esperanças que nos preenchem [...]

Aprenda a meditar

Montaigne e muitos outros filósofos antes dele já haviam percebido: a mente do homem desliza sem parar. Verdadeiro espelho dos nossos estados emocionais e angústias, ela frequentemente é instável, fragmentada, confusa, enfraquecida por suas contradições e dúvidas, bem como pelo permanente barulho de fundo que emite.

O que significa meditar?

Primeiro e simplesmente, tomar consciência, como bem ilustra a expressão popular « estar perdido, mergulhado em seus pensamentos ». De fato, a nossa mente não para de se agitar, preocupar-se, pensar no que aconteceu, esperar ou temer o que está por vir, remoer eternamente situações felizes ou conflituosas, reais ou consideradas como tais.

Tornar-se espectador em vez de ator deste teatro interior já é entrar em meditação. George Ivanovitch Gurdjieff, um mentor do século XX, chamava este processo de « lembrança de si ». E o mestre zen Taisen Deshimaru dizia

que, durante a meditação, o nosso grande ego, aquele que busca calma, sabedoria, equilíbrio e lucidez, contempla o nosso pequeno ego, agitado, angustiado, inchado, vaidoso... Este olhar dirigido a nós mesmos pode ser renovado várias vezes por dia, proporcionando um verdadeiro revigoramento interior.

O copo de água lamacenta

Os sábios do Oriente muitas vezes compararam a meditação com um copo de água lamacenta que tiramos de uma poça em determinado momento.

Se deixarmos o copo de água lamacenta em cima de uma mesa, o que vai acontecer? A lama vai se decantar e se depositar no fundo, e a água clara vai aparecer por cima.

Acontece exatamente a mesma coisa quando paramos a correria das nossas atividades para descansarmos, ficarmos sentados por alguns instantes, atentos à nossa respiração e à nossa alma: a água lamacenta dos nossos pensamentos e emoções, inicialmente onipresente, pouco a pouco se deposita, deixando surgir em nós a água pura da consciência lúcida.

É claro que a lama não desaparece, mas, como se diz no Oriente, é por não estar mais em suspensão na nossa mente, mas sim depositada no fundo, que a semente da flor de lótus, símbolo da sabedoria, é capaz de criar raízes e brotar na superfície!

Bela metáfora, não é mesmo?

« A MEDITAÇÃO É A SABEDORIA EM BUSCA DA SABEDORIA. »

Shunryu Suzuki

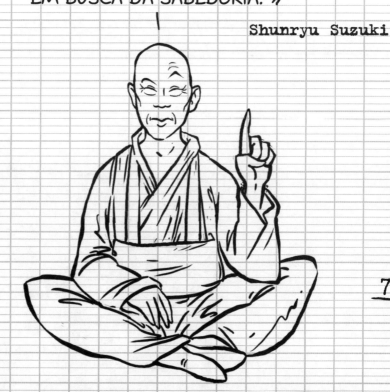

Restabeleça a calma

Houei Neng, designado como o Sexto Patriarca do Zen, viveu na China no século VII, e já dizia: « A calma é a substância da sabedoria, e a sabedoria, a base da calma. Toda vez que a sabedoria exerce a sua função, a calma a acompanha. Toda vez que a calma exerce a sua função, a sabedoria a acompanha ».

Esta máxima é grandiosa e muito moderna: de fato, na época excessivamente agitada em que vivemos hoje e na qual temos a impressão de que tudo anda rápido demais e que estamos sobrecarregados e estressados o tempo inteiro, revela-se mais do que nunca essencial saber restabelecer a calma dentro de nós, a fim de nos liberar do fardo desta pressão.

> Você sabia que aquela palavra japonesa, tão na moda hoje em dia, ZEN, significa simplesmente: meditação? A expressão zazen define a postura – za: sentado, zen: meditar.

« SE OS PENSAMENTOS DO PASSADO, PRESENTE E FUTURO FORMAREM UMA CORRENTE CONTÍNUA NA NOSSA MENTE, SURGIRÃO ENTRAVES. »

Houei Neng

O Mestre Houei Neng havia compreendido bem o funcionamento da mente humana: é preciso saber cortar a corrente!

Medite no trabalho ou no metrô

É fácil viver momentos de meditação a qualquer hora do dia e durante as nossas atividades cotidianas. Siga duas regras:

1) a consciência de que você tem um corpo: para isto, ao se sentar à mesa de trabalho, endireite a coluna vertebral sem apoiá-la no encosto da cadeira, coloque as mãos bem abertas em cima ou das coxas ou da mesa, sinta a presença dos seus pés tocando completamente o chão; pare de olhar fixamente para o computador ou os papéis, deixando os olhos se fecharem pela metade, o que permite um olhar centrado no interior e no exterior ao mesmo tempo.

2) a consciência da sua respiração: é a chave indiscutível para uma meditação garantida.

Observe uma coisa óbvia: na maior parte do tempo, salvo quando realizamos um esforço bastante violento que nos deixa sem fôlego, não estamos conscientes do fato de respirarmos; além disso, a nossa respiração é fraca, situando-se no alto dos pulmões e fazendo-nos apenas sobreviver sem mais nem menos. Devemos ao mesmo tempo ampliar e inverter este processo.

Para isto, é preciso adotar um modo de expiração profunda, lenta e longa, cujo final se situe no abdômen, abaixo do umbigo. Então a inspiração volta naturalmente, de uma vez só. Esta respiração certamente é a melhor ferramenta que existe para oxigenar-se, mas, sobretudo, para canalizar melhor o nosso universo mental.

A respiração consciente de fato se confunde com a simples consciência: ao respirar desta forma, você desenvolve uma atenção lúcida.

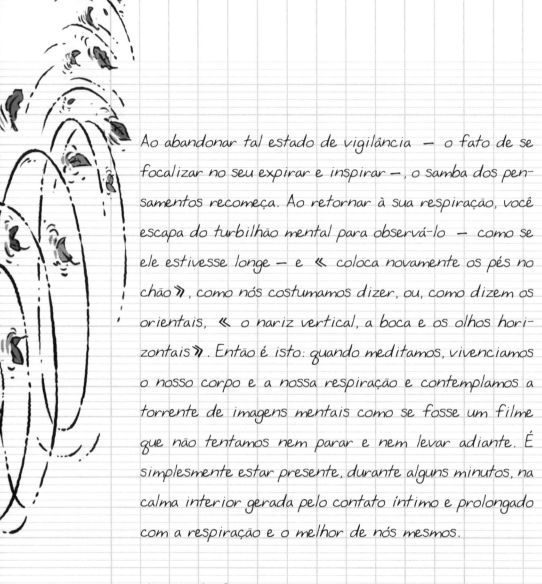

Ao abandonar tal estado de vigilância — o fato de se focalizar no seu expirar e inspirar —, o samba dos pensamentos recomeça. Ao retornar à sua respiração, você escapa do turbilhão mental para observá-lo — como se ele estivesse longe — e « coloca novamente os pés no chão », como nós costumamos dizer, ou, como dizem os orientais, « o nariz vertical, a boca e os olhos horizontais ». Então é isto: quando meditamos, vivenciamos o nosso corpo e a nossa respiração e contemplamos a torrente de imagens mentais como se fosse um filme que não tentamos nem parar e nem levar adiante. É simplesmente estar presente, durante alguns minutos, na calma interior gerada pelo contato íntimo e prolongado com a respiração e o melhor de nós mesmos.

Você pode fazer isto em qualquer lugar, no escritório, no metrô, andando na rua: assim que perceber que está perdendo contato com a realidade e mergulhando de corpo e alma nos seus pensamentos, basta retomar a respiração profunda e aquela sutil consciência que ela produz quando prestamos atenção nela. Tudo se torna mais claro dentro e em torno de nós.

É tudo e já é bastante coisa! Todo o bê-á-bá da meditação consiste nesta prática.

« QUANDO INSPIRO, SEI QUE ESTOU INSPIRANDO; QUANDO EXPIRO, SEI QUE ESTOU EXPIRANDO. »

Buda

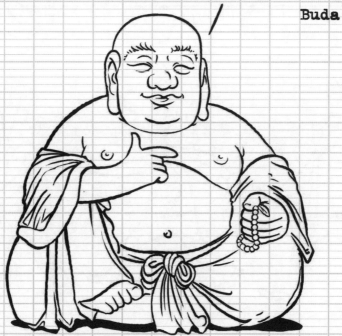

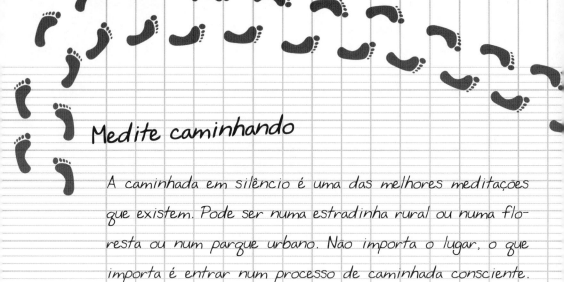

Medite caminhando

A caminhada em silêncio é uma das melhores meditações que existem. Pode ser numa estradinha rural ou numa floresta ou num parque urbano. Não importa o lugar, o que importa é entrar num processo de caminhada consciente. Para isto, há três regras:

1) observe os seus pensamentos irem e virem;
2) concentre-se na sua respiração: inspiração natural, expiração longa;
3) modere ou acelere a sua caminhada prestando atenção no seu ritmo e no peso dos seus passos no chão.

No início, o samba dos pensamentos invade a sua mente por completo. Depois, pouco a pouco, ao longo da caminhada, a velocidade diminui, e você vai ficando cada vez mais consciente da natureza, do canto dos pássaros, do jogo de luzes nas árvores, da textura do ar, das folhas, plantas e flores... Você vai deixando a natureza penetrar dentro de si mesmo e revigorá-lo profundamente.

« QUANDO CAMINHAR, CAMINHE.
QUANDO SE SENTAR, FIQUE SENTADO.
SOBRETUDO, NÃO HESITE. »

Yun Men

Medite em meio à natureza

Contam os arquivos que Buda gostava de ir meditar em meio à natureza. Isto também lhe permitia escapar das preocupações causadas pela comunidade dos seus discípulos!

Uma vez na floresta, ele transformava em assento um toco de árvore e um monte de folhas que havia catado ou, então, uma grande pedra.

E, tranquilamente, respirava e deixava vibrar a viva magia da natureza ao redor.

Nós podemos fazer o mesmo!

« O HOMEM OLHA A FLOR, E A FLOR SORRI. »

Koan zen

Coloque-se diante de uma bela árvore ou de uma planta sublime. Ou, então, procure uma árvore em frente a uma paisagem, pequena ou grande, não importa. Ou, simplesmente, fique sentado com as costas retas e os olhos meio fechados, no lugar que preferir.

Mergulhe no templo natural formado por um ambiente vegetal, seja ele qual for. Mesmo nas cidades grandes é possível encontrar parques e praças!

Mais uma vez, observe como vão e vêm os seus pensamentos. Porém, volte o tempo todo à situação presente: aqui e agora, onde você está?

Aqui, e não em outro lugar.

Estes exercícios de atenção a si mesmo e ao mundo são fáceis e revigoram profundamente.

A meditação deitada

Também é uma forma de relaxamento muito conhecida na ioga. Deite de barriga para cima, com as costas bem retas e os braços ao longo do corpo. Feche os olhos e respire calmamente pela barriga. Em seguida, relaxe, mental e fisicamente, cada parte do seu corpo, começando pelo alto da cabeça, passando pela testa, olhos, nariz, maxilar, boca, coração, braços, mãos, tórax, plexo, toda a zona da barriga, órgão sexual, nádegas, coxas, joelhos, panturrilhas e terminando pelos pés.

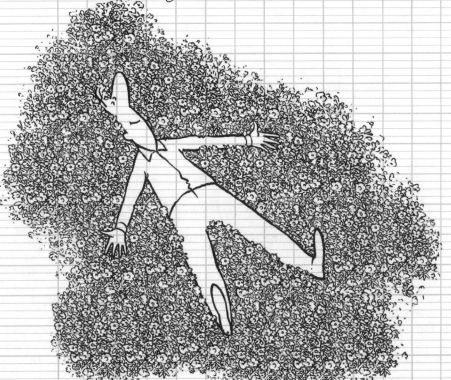

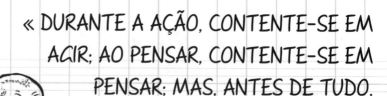

« DURANTE A AÇÃO, CONTENTE-SE EM AGIR; AO PENSAR, CONTENTE-SE EM PENSAR; MAS, ANTES DE TUDO, ACALME A AGITAÇÃO DA SUA MENTE. »

Yun Men

Não se esqueça de relaxar bem cada dedo de suas mãos e pés. Não perca o fio da sua respiração. Esta técnica de relaxamento nos ajuda não somente a descontrair todo o nosso ser, mas também a reintegrar o nosso corpo a cada uma de suas partes, sentindo as tensões que se alojam nelas e trabalhando-as para apaziguá-las. Ao se levantar, efetue alguns gestos de ginástica e beba um grande copo d'água. Este também é um meio eficaz, quando estiver na cama, de lutar contra a insônia e as crispações mentais e físicas que a acompanham. Além disso, o fato de viajar assim através do seu corpo ajuda você a se desconectar da sua mente.

Meditar cantando

O exercício a seguir foi o primeiro que eu descobri em 1970, quando era um jovem e estressadíssimo jornalista, e que me abriu as portas das diversas técnicas de meditação. Ele é bastante simples e proporciona uma verdadeira quietude e reânimo interiores. Deve-se simplesmente cantar cada uma das vogais, AEIUO, três vezes seguidas, até acabar o seu fôlego. Dá para perceber que cada vogal opera uma massagem específica numa zona do corpo e, ao mesmo tempo, libera a nossa respiração:

- O som A, sereno, age no alto da garganta, pulmões e toda a cabeça;
- O som E, dito num tom grave, tonifica as glândulas tireoides;
- O som I é muito alegre, você pode emiti-lo com um sorriso;
- O som U penetra mais profundamente no tórax e na barriga;
- O som O: é bom terminar esta sequência de canto emitindo, como sempre três vezes, este som, que atinge o fundo do abdômen. Quando chegar ao final do seu fôlego no O, você pode terminar esta sequência emitindo, em seguida e no final da respiração, um pequeno M, o que vai dar OM, a famosa sílaba sagrada dos hindus, que teria dado origem ao universo, o mantra perfeito.

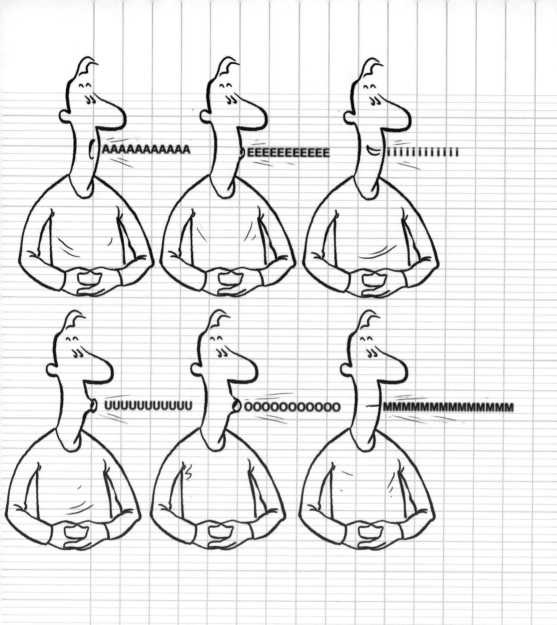

Além de nos oxigenar profundamente, este exercício acalma a mente e nos faz descobrir o quanto a nossa respiração pode ser longa e profunda. Você pode, em seguida, respirar calmamente, no mesmo ritmo e em silêncio, durante alguns instantes.

Medite com música

Coloque um CD de música calma e profunda, que não seja cantada, e procure uma posição confortável, com ou sem fone de ouvido. Certifique-se de que ninguém vai perturbá-lo, nem telefonemas, nem visitas ou pedidos diversos.

O que você deve fazer agora é escutar realmente.

Siga cada variação e circunvolução da música, identifique os diferentes instrumentos e embriague-se completamente com som.

Mantenha os olhos fechados.

Ao mesmo tempo, observe quando a sua mente desliza e começa a sonhar, escapar, desligar-se da música.

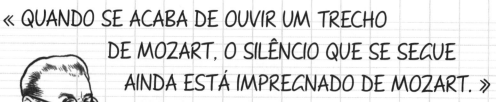

« QUANDO SE ACABA DE OUVIR UM TRECHO DE MOZART, O SILÊNCIO QUE SE SEGUE AINDA ESTÁ IMPREGNADO DE MOZART. »
Sacha Guitry

Volte constantemente a sua atenção para os sons que está escutando, tente manter o fio da partitura musical sem interrupção.

Faça isto com a ajuda da sua respiração, expire e inspire profundamente, deixando a música invadir todo o seu corpo, toda a sua alma.

No final da música, permaneça em silêncio durante algum tempo, escute o silêncio.

Medite com pintura

Vamos tomar emprestado o princípio de uma meditação praticada em especial pelos tibetanos com o que se chama de mandala, ou seja, uma pintura em tecido que representa cenas do panteão budista dispostas em círculos concêntricos.
Porém, na verdade, qualquer pintura, foto ou escultura que você admirar ou descobrir pode servir.
Coloque-se diante da imagem escolhida, seja na sua casa ou num museu (é até melhor), e olhe para ela intensamente.

« A ARTE É COMO UMA PARÁBOLA DA CRIAÇÃO. »

Paul Klee

Sinta a imagem nos seus mais ínfimos detalhes, cores e formas... Deixe-se impregnar por ela.

E, mais uma vez, observe quando a sua mente escapa. Respire profundamente e retome a sua contemplação. Dedique-lhe tempo: dez, quinze minutos.

Enquanto estiver observando a representação escolhida, deixe a calma invadi-lo.

Imagine que você está se fundindo com o quadro.

No final deste ato, agradeça mentalmente ao artista.

A postura ideal

Pode-se meditar em qualquer lugar, é claro, mas, para trabalhar a mente de modo profundo, a postura sentada, preconizada por Buda e por todos os mestres do budismo, mostra-se totalmente apropriada. Ela é simples e pode ser praticada seja qual for a sua religião ou ausência de religião: ela simplesmente faz bem.

a) Sente-se numa cadeira ou no chão, em cima de uma almofada redonda e um pouco dura (o famoso zafu).

b) Mantenha as costas bem retas, estique a sua coluna vertebral, eixo de estabilidade.

c) Se puder cruzar as pernas na posição de meia lótus ou quarto de lótus, muito bem, trata-se apenas de uma questão de alongamento muscular. Você também pode se sentar sobre os calcanhares.

d) Os olhos devem ficar meio fechados, e o olhar, dirigido para a frente, sem fixar nada.

Você também

pode, obviamente, meditar com os olhos abertos ou fechados, mas o olhar meio fechado permite ficar entre dois mundos: o interior e o exterior.

e) Ombros relaxados, nuca reta, queixo ligeiramente para dentro – de fato, o queixo tem tendência a ir para a frente quando pensamos, como se a cabeça fosse puxada pelo peso de suas imagens mentais; retrair o queixo permite controlar isto.

f) Concentre-se na sua respiração e, em especial, na expiração, a qual você deve tornar a mais profunda possível, sem forçar, e dirigir para o abdômen, abaixo do umbigo.

g) Deixe os seus pensamentos desfilarem diante de você como imagens de um filme. Na tradição zen, é comum dizer que, durante a meditação, passamos de pensamento a não pensamento e de não pensamento a pensamento.

Uma coisa flagrante é que o nosso universo mental, que normalmente ocupa todo o campo da consciência, pouco a pouco se desincha, assim como um balão se esvazia; ele continua presente, mas não onipresente!

E desfrutamos assim do prazer da imobilidade e do silêncio.

A posição das mãos

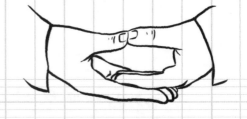

Ela é muito importante, pois permite que você controle bem os seus estados interiores. A mão esquerda deve repousar sobre a mão direita, com os dois polegares se tocando horizontalmente, sem fazer « nem montanha e nem vale ». De fato, se eles afundarem, é porque a nossa postura está amolecendo ou se encurvando. Se subirem, é porque estamos nos agitando e tendo dificuldade em manter a tranquilidade da postura. Este belíssimo gesto das mãos, que o budismo chama de _mudra_ da meditação, ajuda-nos a conservar um aspecto elegante, pois, como já dizia Jacques Brosse, mestre zen ocidental, a postura certa exclui a impostura!

« SE VOCÊ NÃO ENCONTRAR A VERDADE NO LUGAR ONDE VOCÊ ESTÁ, ONDE ESPERA ENCONTRÁ-LA? »

Dogen

29

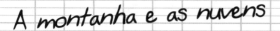

A montanha e as nuvens

O nosso mestre de meditação autêntico, o nosso verdadeiro guru, é simplesmente a nossa respiração. Uma linda história oriental ilustra bem esta ideia. Nela, a postura sentada da meditação é comparada a uma montanha. As nuvens que a cercam, mais ou menos espessas, mais ou menos escuras, são os nossos pensamentos, que se agitam em todos os sentidos dentro de nós e obscurecem a nossa mente. O vento que sopra na montanha e contribui para empurrar ou dissipar as nuvens e trazer de volta o céu azul (da consciência, obviamente) é a nossa respiração. Quanto mais ela for ampla e profunda, mais as nuvens acumuladas na nossa cabeça serão eliminadas, e a luz da nossa consciência, restabelecida.

« A NOSSA RESPIRAÇÃO É A PONTE ENTRE O NOSSO CORPO E A NOSSA MENTE, O ELEMENTO QUE RECONCILIA CORPO E MENTE E POSSIBILITA A UNIDADE DELES. A RESPIRAÇÃO SE AJUSTA SIMULTANEAMENTE AO CORPO E À MENTE E É O ÚNICO INSTRUMENTO CAPAZ DE REUNI-LOS, ILUMINANDO AMBOS E PROPORCIONANDO-LHES PAZ E CALMA. »

Thich Nhat Hanh

Conte suas respirações

Quando sua mente estiver agitada demais, recorra a uma técnica simples para discipliná-la durante a meditação: conte suas respirações.

A cada expiração atribua silenciosamente um número e guarde-o na cabeça durante todo o tempo que durar a saída de ar dos seus pulmões.
1 até o final da expiração. Depois, recomece: 2, 3 e assim por diante...

Pare de contar quando chegar a 10 e expire naturalmente, observando a modificação assim provocada na sua mente. Quando a mesma se agitar de novo, recomece a contagem. No entanto, você vai perceber que, toda vez que terminar de contar, a mente estará bem mais sossegada.

NÃO ESPERE UMA VIDA SEM OBSTÁCULOS NEM DIFICULDADES. UMA VIDA FÁCIL DÁ ORIGEM A UMA MENTE PREGUIÇOSA E POR DEMAIS SEGURA DE SI. É POR ISSO QUE UM ANCIÃO JÁ DIZIA:
« ACEITE AS PENAS E PROBLEMAS DA VIDA. NÃO PENSE QUE A SUA EXPERIÊNCIA VAI PROTEGÊ-LO DOS TORMENTOS. SEM TORMENTOS, A MENTE QUE BUSCA A ILUMINAÇÃO PODE PERDER A RAZÃO ».
É POR ISSO QUE UM ANCIÃO JÁ DIZIA:
« ALCANÇAR A LIBERTAÇÃO NO MEIO DA AGITAÇÃO. »

Kyong Ho

O turbilhão mental

Podemos comparar a nossa mente com um turbilhão: de fato, ao meditarmos sentados e observarmos a nós mesmos, podemos constatar que o samba de tudo o que passa pela nossa cabeça tem tendência a dançar em círculos. Remoemos as mesmas coisas, as mesmas fantasias, os mesmos pesares, as mesmas esperanças e os mesmos medos, assim como um disco arranhado. A partir do momento em que você toma consciência deste processo, basta olhar para este carrossel como se estivesse olhando para uma tela de televisão e se concentrar na sua respiração consciente; você vai perceber que o turbilhão vai se desintegrar e que a torrente dos seus pensamentos vai passar a fluir. Você pode em seguida contemplá-los, como se diz na tradição zen, como se fossem folhas flutuando na superfície de um curso de água, ou deixá-los passarem como nuvens no céu.

> « TENDO SIDO ACALMADAS AS TURBULÊNCIAS DA CONSCIÊNCIA PERIFÉRICA, ASSIM COMO UM CRISTAL REFLETE O SUPORTE SOBRE O QUAL REPOUSA, A MENTE FICA PERFEITAMENTE RECEPTIVA AO CONHECEDOR DO CONTEÚDO E AO MEIO DE CONHECIMENTO. »
>
> **Patanjali, Yoga Sutras**

Assim como num espelho

Sempre gostei daquela famosa frase do supremo texto Hokyo Zan Mai, escrito no século IX pelo mestre zen Tozan, que compara a meditação com uma contemplação de nós mesmos no espelho:

« Assim como num espelho
a forma e o reflexo se observam,
você não é o reflexo,
mas o reflexo é você. »

E é verdade: não precisamos nos identificar com os nossos pensamentos – eles são nós mesmos, mas, ao mesmo tempo, não são. Muitas vezes somos os atores de tudo o que ocorre na nossa cabeça, devemos aprender a nos tornarmos os espectadores.

O fato de observar a si mesmo durante a meditação permite tomar uma distância saudável de si mesmo.

Assim como num espelho

Sempre gostei daquela famosa frase do supremo texto Hokyo Zan Mai, escrito no século IX pelo mestre zen Tozan, que compara a meditação com uma contemplação de nós mesmos no espelho:

« Assim como num espelho
A forma e o reflexo se observam.
[...]

« A MEDITAÇÃO QUE NÃO ENGRANDECE A MENTE PODE SER CHAMADA DE MEDITAÇÃO, MAS É APENAS UM RECONFORTO. POUCOS HOMENS TOCAM NO PONTO SENSÍVEL DA ALMA, MUITO POUCOS ASSOCIAM A CALMA E A VISÃO PENETRANTE. »

Milarepa, *As cem mil canções*

35

O inútil

Mumon Roshi, um mestre zen, disse uma grande verdade, a qual é simples conferir: « através da meditação, pode-se perceber o quanto o ser humano pensa em coisas inúteis, o quão desordenada é a mente do homem ». Basta entrar no estado meditativo para constatá-lo; mas, sobretudo, não fique com uma impressão negativa disto, é assim mesmo! Em compensação, o simples fato de sabê-lo intimamente nos permite ter acesso a uma outra dimensão do nosso ser. Na meditação, sabemos muito bem que cada um de nós é como o médico e o monstro: a melhor parte de nós observa a pior. O importante é observar a si mesmo e restabelecer, como se diz na tradição zen, a condição normal do corpo e da mente, que não tem nada a ver com o nosso habitual estado perturbado.

« PRETENDO IR EM DIREÇÃO À PASSAGEM
DA MEDITAÇÃO, MAS DEVO SUPERAR
AS ARMADILHAS DA INDOLÊNCIA, OS CORREDORES
ESTREITOS DA RESTRIÇÃO E OS ARRISCADOS
CUMES DA IMAGINAÇÃO. »

Milarepa, As cem mil canções.

Juntar as mãos

Muito usado no Oriente para cumprimentar os outros, recolher-se diante de um altar ou dentro de um templo e também no Ocidente para o ritual da oração, o ato de juntar as mãos pode ser considerado como o primeiro gesto de ioga. É o <u>mudra</u> Anjali Hasta, no qual as duas mãos, ao virarem uma só, reúnem todos os nossos opostos: esquerda e direita, dia e noite, masculino e feminino, firmeza e doçura, ser e ter, vazio e cheio, alma e corpo, inspiração e expiração. Trata-se, portanto, de um gesto criador de unidade que, ao ligar os nossos dois polos, o mais e o menos, desperta em nós uma nova energia, uma nova corrente vital. Por conseguinte, os mestres zen preconizam juntar firmemente as mãos e fazer uma profunda saudação antes e depois de toda sessão de meditação; este simples gesto permite recolher-se e, ao mesmo tempo, manifestar respeito pela criação.

Uma bela história: na famosa epopeia mitológica hindu Maabárata, quando o Lago-Dharma pede para o irmão Pândava citar um exemplo de espaço, este lhe dá uma resposta sublime: « as minhas duas mãos juntas! » De fato, elas despertam em nós a imensidão, o infinito.

TRADICIONALMENTE,
TODA VEZ QUE EU JUNTO AS MÃOS
PARA SAUDAR O BUDA,
CANTO UM CURTO POEMA:
 « AMBOS, AQUELE QUE SAÚDA E EXPRIME
O SEU RESPEITO
E AQUELE QUE RECEBE
SAUDAÇÃO E RESPEITO,
SÃO VAZIOS.
É POR ISSO QUE
A COMUNICAÇÃO
É PERFEITA ».

Thich Nhat Hanh

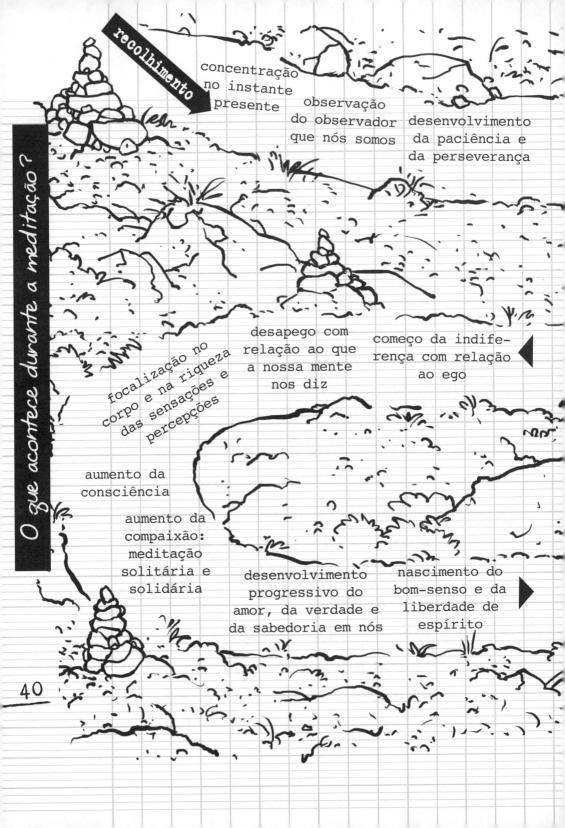

O que acontece durante a meditação?

recolhimento

- concentração no instante presente
- observação do observador que nós somos
- desenvolvimento da paciência e da perseverança
- focalização no corpo e na riqueza das sensações e percepções
- desapego com relação ao que a nossa mente nos diz
- começo da indiferença com relação ao ego
- aumento da consciência
- aumento da compaixão: meditação solitária e solidária
- desenvolvimento progressivo do amor, da verdade e da sabedoria em nós
- nascimento do bom-senso e da liberdade de espírito

▶ controle da respiração: chave infalível para uma meditação garantida

discriminação entre as nossas energias positivas e negativas: é hora de fazer uma seleção

o que nos conduz ao discernimento dos sonhos e ilusões que nos preenchem

e ao controle das paixões, emoções e desejos

não somos mais o brinquedinho deles, pois deixamos de ser atores e nos tornamos espectadores

assimilação do fato de que tudo é impermanente

descoberta de uma energia fundamental em nós

atenção a um vasto espaço dentro de nós

entrada no silêncio vivido

iluminação

Nirvana e satori

Um conceito oriental que adquiriu grande importância na mitologia ocidental é o nirvana. Ah! Alcançar para sempre o nirvana, paraíso interior, sétimo céu total e infinito - existe esperança maior quando nos interessamos pela espiritualidade? Porém, este sonho de fusão é apenas um sonho. O mesmo vale para o conceito de satori, "iluminação" em japonês. Ah! Conseguir atingir a súbita iluminação, não ter mais problemas existenciais, ou melhor, não ter mais problema algum etc. Todos estes conceitos faziam o mestre zen Taisen Deshimaru dar gargalhadas:

« No Ocidente, as pessoas sonham com nirvana ou satori como se fossem fogos de artifício do ano-novo: elas esperam o êxtase absoluto, cheio de flashes cósmicos e, ainda por cima, definitivo!...

« O CAMINHO DA ILUMINAÇÃO SE ENCONTRA SOB OS NOSSOS PÉS... »

Koan zen

...Ora, todos os dias temos satori, tomadas de consciência, pequenas, médias, maiores ou menores. Estas tomadas de consciência que ocorrem no cotidiano são satori! »

Da mesma forma, Nagarjuna, mestre budista indiano do século II redescoberto hoje pelos filósofos ocidentais, já afirmava:

« Não há nenhuma diferença entre o <u>nirvana</u> e o <u>samsara</u> e vice-versa. »

O **samsara** é justamente o carrossel dos fenômenos da nossa vida! Portanto, a iluminação da consciência de existir reside aí, na nossa vida, e não em outro lugar.

Os koans

Certos mestres zen empregavam meios enigmáticos, fosse através de atos ou palavras, para iluminar os seus discípulos. A tradição conservou centenas de fórmulas, ou koans, utilizadas para ajudar a mente dos alunos de meditação a ir mais longe e ultrapassar as suas próprias categorias.

Uma escola específica, o Zen Rinzai, utiliza-os, inclusive, durante o ato de meditar: o aluno deve tentar resolver o koan sugerido pelo instrutor.

Para dar uma ideia do teor deste ensinamento peculiar, veja um exemplo:

Um monge perguntou a Tchao-Tchou:
- Qual o sentido do ensinamento do Buda?
Tchao-Tchou respondeu:
- O cipreste, aí na frente, no jardim.

E o meu koan preferido:

Medite em cada gesto

Nos anais da tradição zen, uma célebre história conta que um jovem monge perguntou ao seu mestre antes de uma refeição:
- Onde está a verdade?
O mestre, então, perguntou-lhe:
- Você já comeu?
- Não, respondeu o jovem monge.
...

« QUANDO ESTIVER TOMANDO BANHO, VERIFIQUE SE VOCÊ REALMENTE ESTÁ NO BANHO. PODE SER QUE VOCÊ JÁ ESTEJA EM REUNIÃO DE TRABALHO. TALVEZ ATÉ A REUNIÃO INTEIRA ESTEJA NO BANHO JUNTO COM VOCÊ! »

Jon Kabat-Zinn

Isto me lembra a fulgurante frase de Santa Teresa de Ávila: « Irmãs, Deus está presente até nas panelas da cozinha! » É possível meditar durante qualquer tarefa; basta simplesmente conferir se você está consciente ou não daquilo que está fazendo. Ora, na maior parte do tempo, ficamos « perdidos », mergulhados nos nossos pensamentos. A busca da plena consciência pode até virar uma brincadeira: identifique aqueles momentos em que você perde contato com a realidade, deixando-se arrastar pelo turbilhão mental, e volte imediatamente à superfície, prestando atenção no instante presente.

47

Medite comendo, dirigindo etc.

Tente fazer uma refeição meditativa, em silêncio. O princípio é simples: transforme-se naquilo que estiver comendo. Entre em cada sabor dos alimentos que você tiver decidido ingerir. Mastigue lentamente. E perceba mais uma vez o quão volátil é a sua mente, que tenta se intrometer naquilo que você está fazendo. Porém, lembre-se de que não são os seus pensamentos que você está comendo, mas sim o que está na sua frente! Permaneça concentrado na sua verdadeira refeição. Ela está no seu prato e na sua boca, não na sua cabeça!

Da mesma forma, ao dirigir um carro, observe o quanto os hábitos da direção favorecem uma espécie de sonho acordado... Devemos voltar a atenção para o volante, a paisagem, o que está acontecendo na frente, atrás, em torno de nós. Todos nós sabemos que a maioria dos acidentes decorrem da falta de atenção. E isto vale para a maioria das nossas ações!

Com que espírito você vai comer?

Tokusan, um famoso erudito, um dia escutou falar de um mestre que todo mundo considerava como ilustre: Mestre Ryutan. Ele decidiu, então, ir visitá-lo.

Ao chegar à porta do templo, Tokusan viu a tendinha de uma velha senhora que vendia bolinhos de arroz. Ele pediu três bolinhos com um ar fanfarrão que despertou a curiosidade dela.

TRÊS BOLINHOS

O QUE O SENHOR ESTÁ CARREGANDO NOS OMBROS?

É UM TEXTO EXTREMAMENTE PRECIOSO E TÃO PROFUNDO QUE NEM POSSO CONVERSAR SOBRE ELE COM A SENHORA. É O KONGO KYO. MAS ESTE NOME NÃO SIGNIFICA NADA PARA A SENHORA. ENTÃO, DÊ-ME OS MEUS BOLINHOS DE ARROZ!

É VERDADE QUE EU SOU IGNORANTE, MAS TAMBÉM CURIOSA. VOU LHE FAZER UMA PERGUNTA E DAR OS MEUS BOLINHOS DE ARROZ, CONTANTO QUE O SENHOR RESPONDA.

NÃO É NESTE PRECIOSO E PROFUNDO TEXTO QUE ESTÁ ESCRITO QUE O ESPÍRITO PASSADO É IMPENETRÁVEL, QUE IMPENETRÁVEL É O ESPÍRITO DO PRESENTE E IGUALMENTE IMPENETRÁVEL O ESPÍRITO DO FUTURO?

ENTÃO, DIGA-ME: COM QUE ESPÍRITO O SENHOR VAI COMER OS MEUS BOLINHOS DE ARROZ? QUE ESPÍRITO ESCOLHER?... O ESPÍRITO DO PASSADO, DO PRESENTE OU DO FUTURO?

Tokusan ficou estupefato. Ele não conseguiu responder e nem obter os bolinhos de arroz.

Muito perplexo, pensou que Ryutan devia ser um grande mestre para que uma velhinha, vizinha do templo, pudesse ser tão hábil.

Ele logo transpôs o grande portal do templo e perguntou por Ryutan. Foi acolhido de modo simples: com a sua cama feita e a sua tarefa definida, pediram para ele se retirar e esperar o mestre convocá-lo.

Todo dia, Tokusan varria o pátio do templo, ancinhava o jardim, limpava as salas caprichosamente, e os dias passavam assim.

EU VIM AQUI PORQUE ESCUTEI FALAR QUE RYUTAN ERA O GRANDE DRAGÃO DO LAGO; MAS NÃO VEJO NENHUM DRAGÃO NESTE LAGO!

Mestre Ryutan aceitou, então, recebê-lo.
A conversa se prolongou até altas horas da noite.

Cansado daquela discussão estéril, Mestre Ryutan se despediu de Tokusan. Do lado de fora, a escuridão era total.

Então, Mestre Ryutan foi buscar uma lanterna.

...

Mas, no exato momento em que a ofereceu a Tokusan, soprou a chama. A escuridão voltou ainda mais espessa do que antes.

Naquele instante, Tokusan alcançou a iluminação, o grande satori. Como ele conseguiu? É um koan!

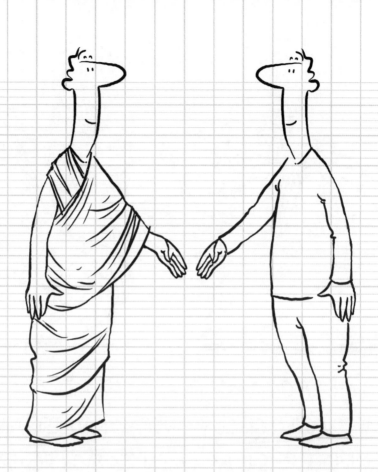

« A sabedoria da iluminação é inerente a cada um de nós. É por causa da ilusão, na qual a nossa mente trabalha, que não conseguimos realizá-la sozinhos e devemos recorrer aos conselhos e à conduta dos iluminados, antes de podermos conhecer a nossa própria natureza. Você também deveria saber que, no que diz respeito à natureza de Buda, não existe nenhuma diferença entre um homem iluminado e um ignorante. O que constitui a diferença é que um a percebe e o outro a ignora. »

Huei Neng, Sexto Patriarca

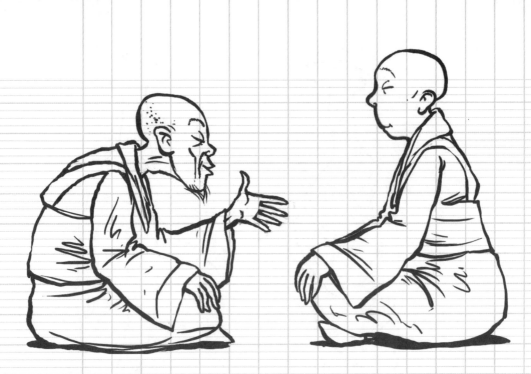

« O MÉTODO DA PURIFICAÇÃO DA MENTE CONSISTE EM: PRIMEIRO SE CONCENTRAR. NÃO ESCUTAR COM O OUVIDO, MAS COM A MENTE. NÃO ESCUTAR COM A MENTE, MAS COM A RESPIRAÇÃO. O OUVIDO ESCUTA, A MENTE REPRESENTA. SOMENTE A RESPIRAÇÃO SE CONFORMA A QUALQUER SITUAÇÃO, POIS ELA É VENTO VAZIO. E O TAO CAVALGA O VAZIO. O VAZIO PURIFICA A MENTE. NO VAZIO DA MENTE PENETRA A LUZ ASSIM COMO A PAISAGEM PENETRA PELA JANELA DE UMA SALA VAZIA. »

Tchouang Tseu. Aforismos e parábolas.

Solitário e solidário

A meditação não tem nada a ver com uma prática egocêntrica. Ela abre uma porta em nós mesmos, mas também nos abre para os outros e para o mundo. Buda já dizia: « quando me sento para meditar, impregno-me de compaixão pelo universo inteiro ». De fato, somos seres ao mesmo tempo solitários e solidários! Solidários para com os outros seres humanos, mas também para com tudo o que está vivo, toda a criação.
Eu gostaria de concluir com um magnífico provérbio, famoso no budismo:

> « Você, que teve a sorte de tomar forma humana, não perca o seu tempo! »

O tempo da nossa vida é útil e precioso, e a arte de meditar o torna mais denso, mais pleno!

Referências

DESHIMARU, Taisen. *La pratique du zen*. Paris: Albin Michel, 1981.

FEHMI, Les & ROBBINS, Jim. *The open-focus brain*. Boston: Shambhala Publications, 2009.

KABAT-ZINN, Jon. *Arriving at your own door - 108 lessons in mindfulness*. Nova York: Hyperion, 2007.

_____. *A mente alerta*. Rio de Janeiro: Objetiva, 2001.

RICARD, Matthieu. *A arte da meditação*. Barcarena: Presença, 2011.

ROSENFELD, Frédéric. *Méditer, c'est se soigner*. Paris: Les Arènes, 2007.

Marc de Smedt dirige a revista **Clés**.

Site : **www.cles.com**

Editor e escritor, ele já publicou, entre outros:

Em português, Editora Sinais de Fogo

Elogio do silêncio, 2001

Elogio do bom-senso na busca do sentido, 2002

Editora Albin Michel

Techniques de méditation et pratiques d'éveil, 1983

La clarté intérieure, 1993

Sagesses et malices du zen, 2006

Paroles d'Orient, 2009

Éditions du Relié

Exercices d'éveil pour petits chatons (com Sabine Rochas e desenhos de Christian Gaudin), 2006

Notas pessoais

« SE OS PENSAMENTOS DO PASSADO, PRESENTE E FUTURO FORMAREM UMA CORRENTE CONTÍNUA NA NOSSA MENTE, SURGIRÃO ENTRAVES. »

Huei Neng

Notas pessoais

« O HOMEM OLHA A FLOR,
E A FLOR SORRI. »
Koan zen

Notas pessoais

Coleção Praticando o Bem-estar
Selecione sua próxima leitura

- ☐ Caderno de exercícios para aprender a ser feliz
- ☐ Caderno de exercícios para saber desapegar-se
- ☐ Caderno de exercícios para aumentar a autoestima
- ☐ Caderno de exercícios para superar as crises
- ☐ Caderno de exercícios para descobrir os seus talentos ocultos
- ☐ Caderno de exercícios de meditação no cotidiano
- ☐ Caderno de exercícios para ficar zen em um mundo agitado
- ☐ Caderno de exercícios de inteligência emocional
- ☐ Caderno de exercícios para cuidar de si mesmo
- ☐ Caderno de exercícios para cultivar a alegria de viver no cotidiano
- ☐ Caderno de exercícios e dicas para fazer amigos e ampliar suas relações
- ☐ Caderno de exercícios para desacelerar quando tudo vai rápido demais
- ☐ Caderno de exercícios para aprender a amar-se, amar e - por que não? - ser amad(a)
- ☐ Caderno de exercícios para ousar realizar seus sonhos
- ☐ Caderno de exercícios para saber maravilhar-se
- ☐ Caderno de exercícios para ver tudo cor-de-rosa
- ☐ Caderno de exercícios para se afirmar e - enfim - ousar dizer não
- ☐ Caderno de exercícios para viver sua raiva de forma positiva
- ☐ Caderno de exercícios para se desvencilhar de tudo o que é inútil
- ☐ Caderno de exercícios de simplicidade feliz
- ☐ Caderno de exercícios para viver livre e parar de se culpar
- ☐ Caderno de exercícios dos fabulosos poderes da generosidade
- ☐ Caderno de exercícios para aceitar seu próprio corpo
- ☐ Caderno de exercícios de gratidão
- ☐ Caderno de exercícios para evoluir graças às pessoas difíceis
- ☐ Caderno de exercícios de atenção plena
- ☐ Caderno de exercícios para fazer casais felizes
- ☐ Caderno de exercícios para aliviar as feridas do coração
- ☐ Caderno de exercícios de comunicação não verbal
- ☐ Caderno de exercícios para se organizar melhor e viver sem estresse
- ☐ Caderno de exercícios de eficácia pessoal
- ☐ Caderno de exercícios para ousar mudar a sua vida
- ☐ Caderno de exercícios para praticar a lei da atração
- ☐ Caderno de exercícios para gestão de conflitos
- ☐ Caderno de exercícios do perdão segundo o Ho'oponopono
- ☐ Caderno de exercícios para atrair felicidade e sucesso
- ☐ Caderno de exercícios de Psicologia Positiva
- ☐ Caderno de exercícios de Comunicação Não Violenta
- ☐ Caderno de exercícios para se libertar de seus medos
- ☐ Caderno de exercícios de gentileza
- ☐ Caderno de exercícios de Comunicação Não Violenta com as crianças
- ☐ Caderno de exercícios de espiritualidade simples como uma xícara de chá
- ☐ Caderno de exercícios para praticar o Ho'oponopono
- ☐ Caderno de exercícios para convencer facilmente em qualquer situação
- ☐ Caderno de exercícios de arteterapia
- ☐ Caderno de exercícios para se libertar das relações tóxicas
- ☐ Caderno de exercícios para se proteger do Burnout graças à Comunicação Não Violenta
- ☐ Caderno de exercícios de escuta profunda de si
- ☐ Caderno de exercícios para desenvolver uma mentalidade de ganhador
- ☐ Caderno de exercícios para ser sexy, zen e feliz
- ☐ Caderno de exercícios para identificar as feridas do coração
- ☐ Caderno de exercícios de hipnose
- ☐ Caderno de exercícios para sair do jogo vítima, carrasco, salvador
- ☐ Caderno de exercícios para superar um fracasso
- ☐ Caderno de exercícios para quem precisa se reinventar
- ☐ Caderno de exercícios para detox digital